URALTE WEISHEITEN DER BÄUME

WAS BÄUME ÜBER UNSER LEBEN VERRATEN

arsEdition

URALTE WEISHEITEN DER BÄUME

WAS BÄUME ÜBER UNSER LEBEN VERRATEN

ILLUSTRATIONEN VON ANNIE DAVIDSON

TEXT VON LIZ MARVIN

Titel der Originalausgabe: How to be more tree.
Essential life lessons for perennial happiness.
Die Originalausgabe ist in Großbritannien erschienen,

arsEdition GmbH, Friedrichstr. 9, D-80801 München
arsedition.de/service

Text: Liz Marvin
Aus dem Englischen von Ute Löwenberg
Illustrationen Cover und Innenteil: Annie Davidson
Covergestaltung: arsEdition GmbH
Gestaltung Innenteil: Eva Schindler

ISBN 978-3-8458-3974-5
www.arsedition.de

FSC www.fsc.org
MIX
Papier | Fördert gute Waldnutzung
FSC® C002795

Einleitung

Bäume sind wirklich erstaunlich. Sie wandeln aber nicht nur Kohlendioxid in Sauerstoff um, was für alle, die gerne atmen, ziemlich wichtig ist. Wusstest du, dass sie auch Netzwerke mit anderen Bäumen bilden, dass sie aktiv werden können, wenn sie bedroht werden, und dass sie alle möglichen cleveren Strategien verfolgen, weiterzuwachsen, selbst wenn sie gefällt werden? Bäume gibt es seit fast 400 Millionen Jahren – wirklich genug Zeit, um echte Weisheit zu sammeln – und sie sind währenddessen zu Meistern im Anpassen, Überleben und Gedeihen geworden.

In unserem komplexen und oft verwirrenden menschlichen Dasein ist es nicht immer einfach, einen kühlen Kopf und ein leichtes Herz zu bewahren. Vielleicht ist dir etwas unter die Haut – deine Rinde – gegangen oder du leidest unter einigen abgebrochenen Ästen. Möglicherweise fehlt dir einfach nur die genussvolle Erinnerung, wie die Sonne dein Laub erwärmt. Wir hoffen, dass du auf diesen Seiten die Inspiration findest, die dir hilft, mit Tiefschlägen und Verletzungen, die das Leben mit sich bringt, fertigzuwerden. Lehne dich also zurück, lass den Wind sanft in deiner Baumkrone rascheln und finde heraus, wie du mehr wie ein Baum sein kannst.

Aller Anfang ist klein

FÄCHERAHORN

Wenn man große Träume hat, ist es ganz natürlich, dass man sie sofort in die Tat umsetzen will. Aber, wie ein weiser Mensch einmal sagte, Geduld liegt nicht im Warten, sondern darin, wie man mit dem Warten umgeht. Der Fächerahorn verkörpert diese Weisheit. Die kleinen Bäumchen wachsen in den Bergen, wo der Takt des Lebens langsam schlägt, die Winter hart sind und es nicht angebracht ist, sich zu überfordern. Bei allen Widrigkeiten wachsen diese Bäume mit der Zeit zu einer mühelos wirkenden, eleganten Silhouette heran, die mit atemberaubend gefärbtem Herbstlaub glänzt.

Geduld ist eine Tugend

EIBE

Geduld, Planung und sich Zeit zum Nachdenken über die gemachten Erfahrungen zu nehmen sind ein wichtiger Teil der Entscheidung, welchen Weg wir einschlagen wollen. Die Eibe ist die weise alte Großmutter der Bäume – sie wird traditionell mit Magie in Verbindung gebracht und soll bis zu 2000 Jahre alt werden können. Genaues weiß man aber nicht, weil Eiben ihr Alter nicht preisgeben. Ältere Exemplare sind nämlich hohl, sodass man die Jahresringe ihres Stamms nicht zählen kann. Ein Teil des Geheimnisses ihrer Langlebigkeit liegt darin, dass sie langsam wachsen, aber ausgedehnte Wurzelsysteme entwickeln, in denen sie Nährstoffe speichern können, falls der Baum einmal beschädigt werden sollte. Gehe also, wie die Eibe, langsam vor – und sei ruhig manchmal etwas geheimnisvoll.

Gemeinsam stark sein

ESPE

Das Bemühen, mit den Menschen um uns herum in Kontakt zu treten, kann viel bewirken. Eine Espe weiß, dass man sich nur selbst schadet, wenn man den einsamen Wolf gibt, der niemanden braucht. Tatsächlich ist die Zugehörigkeit zu etwas Größerem als sie selbst der Schlüssel zur Stärke der Espe. Jeder Baum mit seinem geraden Stamm mag wie ein großes und stolzes Individuum aussehen, aber unter der Oberfläche ist er Teil eines umfassenden Organismus und durch sein Wurzelsystem mit allen anderen Bäumen im Bestand verbunden. Hat einer der Bäume besseren Zugang zu Wasser oder wichtigen Nährstoffen, kann er diese Köstlichkeiten mit dem Rest der Bande teilen.

Bitte um Hilfe, wenn du sie brauchst

ULME

Der Ulme ist es nicht peinlich, um Hilfe zu bitten, wenn sie sich in einer heiklen Lage befindet. Wird sie von Raupen angegriffen, setzt sie sogenannte Pheromone frei, Duftstoffe mit Signalwirkung, um parasitäre Wespen anzulocken, die dann ihre Eier in die Raupen legen und dadurch die Bedrohung ausschalten. Wir denken oft, dass Eigenständigkeit der Schlüssel zum Erfolg ist, aber die Ulme weiß, dass man nicht versuchen muss, alles selbst in die Hand zu nehmen. Manchmal muss man einfach die Wespen herbeirufen.

Pass dich deiner Umgebung an

AMERIKANISCHE BUCHE

Haben sich jemals die miesen kleinen Zweifel des Lebens bei dir eingenistet? Die Vorfahren der Amerikanischen Buche haben das erlebt. Dieser Baum lebte ursprünglich in den Tropen, wo lästige kleine, Epiphyten genannte Pflanzen versuchten, in den Ritzen seines Stammes zu wachsen. So entwickelte die Amerikanische Buche eine schöne glatte Rinde und die Epiphyten hatten das Nachsehen. Arbeite bewusst daran, ein gleichmäßiges, ruhiges Äußeres zu entwickeln, und du wirst feststellen, dass deine persönlichen Epiphyten daran abprallen werden.

Sei du selbst

HAINBUCHE

Es ist nicht leicht, in jeder Situation ganz du selbst zu sein. Oft ist die Versuchung groß, unsere Persönlichkeit zu verändern, um anderen zu gefallen. Zu lernen, authentisch zu sein, bedeutet, die Rinde, die uns umgibt, zu akzeptieren und zu schätzen. Bäume verschwenden kein Chlorophyll, um zu versuchen, etwas zu sein, das sie nicht sind. Sie konzentrieren sich auf ihr eigenes Wachstum, ohne sich darum zu kümmern, was alle anderen machen. Nimm die bescheidene Hainbuche: Sie wird nicht besonders hoch und bringt weder ausgefallene Blüten noch wohlschmeckende Früchte hervor. Aber schon seit vielen Jahrtausenden wächst sie stark und solide, ohne dafür Applaus zu erwarten.

Hab immer einen Plan B

SCHLEHDORN

Man weiß ja nie, wann eine Herde hungriger Ziegen oder eine Mottenplage um die Ecke kommt, nicht wahr? Deshalb ist es immer gut, einen Notfallplan zu haben. Sogar Bäume wie der Schlehdorn haben einen für den Fall, dass es nicht ausreicht, dem Angreifer einen langen Dorn in die Haut zu rammen. Falls du jemals beim Schlehensammeln für Gin von so einem Dorn erwischt wurdest, weißt du, wovon wir sprechen. Wenn ein Ast abgeschnitten wird, setzen die Bäume Jasmonate genannte »Wundhormone« frei: Bioregulatoren, die alle anderen chemischen Abwehr- und Reparatursysteme des Baumes mobilisieren, die ihm zur Verfügung stehen.

Mach es dir schön, wo du lebst

WEIDE

Es ist schwer zu gedeihen, wenn man sich nicht um seine unmittelbare Umgebung kümmert. Die Weide duldet weder ein unordentliches Flussufer noch einen schmutzigen Fluss: Sie hält mit ihrem Wurzelsystem abbröckelnden Boden fest und wandelt Schadstoffe im Wasser in düngende Nitrate um. Gute Selbstfürsorge kann mit etwas so Einfachem wie schöner, neuer Bettwäsche, einem besonderen Mittagessen oder einem stabilisierten Flussufer beginnen.

Bade in der Sonne

BERG-HEMLOCKTANNE

Serotonin wird als »Glückshormon« bezeichnet, weil höhere Konzentrationen in unserem Gehirn mit positiven und entspannten Gefühlen einhergehen. Wissenschaftler sind sich nicht sicher, warum, aber sie glauben, dass unser Gehirn bei Sonnenschein mehr Serotonin freisetzt. Es besteht kein Zweifel daran, dass der Aufenthalt im Freien für unser Wohlbefinden entscheidend ist. Bäume können ohne Sonnenlicht nicht überleben und solche wie die Berg-Hemlocktanne brauchen ziemlich viel davon. Wenn du dich also das nächste Mal an einem sonnigen Tag nicht dazu aufraffen kannst, nach draußen zu gehen, bedenke Folgendes: Wenn die Hemlocktanne Beine hätte, würde sie sie immer benutzen, um den sonnigsten Ort aufzusuchen, den sie finden kann.

Finde deinen Kraftort

ERLE

Wir alle brauchen unterschiedliche Dinge, um zu gedeihen – der Trick ist, das zu finden, was für DICH richtig ist. Einige von uns brauchen pralle Sonne, andere lieben die herausfordernden Lebensumstände eines windigen Berggipfels. Die meisten von uns aber würden sich nicht wohlfühlen, wenn sie den ganzen Tag mit nassen Füßen im Sumpf herumstehen müssten. Ganz anders die Erle: Ihr Geheimnis sind Bakterien, die in ihren Wurzelknöllchen leben. Der Baum liefert den Zucker, den die Bakterien brauchen – die Bakterien liefern die Nährstoffe, die dem wasserdurchtränkten Boden fehlen. Das Ergebnis ist, dass die Erle dort gedeiht, wo andere Bäume nicht wachsen können.

Achte auf deinen Kern

SCHWARZNUSS

Setze alles daran, deine innere Stärke aufzubauen, denn sie verleiht dir den festen Stamm, der dir im Alltagsstress Halt gibt. Bäume können das meisterlich – immerhin muss ihr Stamm auch an den windigsten Tagen das ganze Gewicht der Äste und des Laubes tragen. Das Zentrum des Stammes wird als Kernholz bezeichnet, und insbesondere die Schwarznuss hat ein beeindruckendes Innenleben, fast so hart wie Stahl. Ihr Kernholz wird für seine Schönheit und seine Stärke bewundert, es kann enorme Kräfte aushalten, ohne zu zersplittern.

Mach Pläne für die Zukunft

MANGROVE

Das Leben fühlt sich oft wie ein Kampf an und man verliert sich leicht von Tag zu Tag in der Bewältigung des Alltags. Sich auch noch Gedanken über die Zukunft zu machen, scheint zu viel verlangt. Dennoch lohnt es sich vorauszuplanen. Mangroven können durch einige erstaunliche Anpassungsleistungen in salzigem Wasser leben und haben sogar einen cleveren Weg gefunden, das Wasser zur Vermehrung künftiger Baumgenerationen zu nutzen. Anstatt Samen abzuwerfen, bilden Mangroven kleine Keimlinge, die auf der Mutterpflanze wachsen, bis sie groß genug sind, um mit der Strömung wegzuschwimmen und an ihrem eigenen Platz Wurzeln zu schlagen.

Genieße die guten Zeiten

KASTANIE

Lerne, für die guten Zeiten offen zu sein, wenn sie da sind, und mach das Beste aus ihnen. Jedes Frühjahr lassen die Kastanienbäume ihre Kerzenblüten sprießen, deren betörender Duft alle möglichen Insekten anzieht und zu rauschenden Pollen-Partys einlädt. Dieses Feel-good-Lebensgefühl zahlt sich in Form von Befruchtung aus und wird im Herbst reich belohnt, wenn die Äste voll von Kastanien hängen. Natürlich kommt eines Tages der Winter zurück, aber solange die Sonne scheint, blühe auf und feiere das Leben!

Verlass die Komfortzone

LONDON-PLATANE

Verlass deine Komfortzone und du wirst überrascht sein, was du erreichen kannst. Die London-Platane ist kein ursprünglicher Stadtbewohner, sondern der Spross einer Kreuzung aus Morgenländischer und Amerikanischer Platane. Aber sie hat ihre neue Umgebung angenommen und sich perfekt an das Leben in der Stadt angepasst. Ihre Rinde schält sich, was bedeutet, dass sie mit den äußeren Schichten zugleich auch Ruß abstößt, und sie erträgt stoisch, dass ihre Wurzeln von den Stadtplanern rücksichtslos zuasphaltiert werden.

Gönn dir Pausen

WEISSTANNE

»Mach Heu, solang die Sonne scheint«, sagt ein englisches Sprichwort. Und wenn sie nicht scheint? Dann stell deinen Rechen in die Ecke und hör auf zu schuften. Koniferen wie die Weißtanne sind Profis darin, den Moment abzupassen, wann sie es ruhig angehen lassen können. Im Gegensatz zu ihren breitblättrigen Laubbaum-Freunden behalten sie ihre Nadeln das ganze Jahr über, sodass sie an sonnigen Tagen im Winter ein wenig Fotosynthese betreiben können. Aber insgesamt fahren sie alle Funktionen herunter und konzentrieren sich darauf, Wasserverlust durch ihre Nadeln zu verhindern.

Steh aufrecht

BAOBAB

Wenn du jemals ein Vorbild dafür brauchst, erhobenen Hauptes dazustehen und stolz auf das zu sein, was du tust, schau dir den Affenbrotbaum an. Ohne um den heißen Brei herumzureden: Dieser Baum sieht ein wenig ... merkwürdig aus. Aber er hat einige großartige Fähigkeiten. Der Baobab wächst unter den rauen Bedingungen der afrikanischen Savanne, und während andere Bäume lediglich verkraften müssen, von Ziegen und ein oder zwei Giraffen angeknabbert zu werden, muss sich der Affenbrotbaum mit der Zuwendung durstiger Elefanten auseinandersetzen, die seine weiche Rinde durchstoßen. Er ist möglicherweise der einzige Baum, der seinen Stamm ausdehnen kann, um Wasser darin zu speichern, und er kann etwa 2000 Jahre alt werden. Ziemlich beeindruckend für einen Baum, der aussieht, als würde er verkehrt herum wachsen.

Sei kreativ

STECHPALME

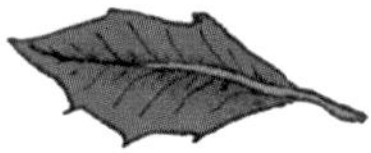

Manchmal lassen sich Probleme am besten von der Seite angehen und nicht frontal. Ein bisschen Querdenken kann den Tag retten. In ihrer unendlichen Weisheit wissen das auch die Bäume, die häufig verschiedene Blattsorten in verschiedenen Höhen austreiben, um ihr Wachstum zu maximieren – zum Beispiel mit weniger oder mehr lichtabsorbierenden Zellen, je nachdem, wie viel Sonne das Blatt abbekommt. Die Stechpalme geht sogar noch einen Schritt weiter und produziert mehr spitze Randzähne an ihren unteren Blättern, wo sie von vorüberkommenden Tieren angeknabbert werden könnte, als auf ihren oberen Zweigen. Sei also ein bisschen mehr Stechpalme und scheue dich nicht, mal etwas Neues – und dabei gern auch unorthodoxe Lösungen – auszuprobieren.

Schenke ohne Erwartung

OLIVENBAUM

Dass Schenken und etwas abzugeben uns Freude bereitet und glücklich macht, beweisen mittlerweile sogar Forschungen. Der Olivenbaum braucht diese Forschungsergebnisse nicht, denn er weiß das schon seit Jahrtausenden. Man sollte meinen, dass ein Baum, der in trockenem, heißem Klima auf kargen Böden wächst, am meisten darauf bedacht ist, auf sich selbst aufzupassen. Und doch produziert der Olivenbaum Früchte mit einem höheren Energiegehalt als jeder andere und kann sie wachsen lassen, bis er fast 1000 Jahre alt ist. Seit der Jungsteinzeit schenkt dieser großzügige Baum den Menschen seines Lebensraums Nahrung, Medizin und Öl.

Setze deine persönlichen Grenzen

SILBERPAPPEL

Sich dahin drängen zu lassen, wo man sich nicht wohlfühlt, trägt selten zu einem entspannten, glücklichen Dasein bei. Die Silberpappel ist in vielen Dingen großartig: Sie kann auf den meisten Böden wachsen, und wenn es einen frisch gerodeten Boden gibt, erobert sie ihn sofort und schießt sehr schnell nach oben. Aber sie hasst Schatten. Die Silberpappel braucht Licht, um zu gedeihen, und genau da wächst sie. Schlicht und ergreifend.

Sei ein guter Freund

SCHIRMAKAZIE

Die meisten Bäume sind viel geselliger und weit weniger passiv, als man denken könnte. Die afrikanische Schirmakazie weiß, dass es wichtig ist, auf seine Freunde aufzupassen. Wenn eine Antilope oder Giraffe auf einen Imbiss vorbeikommt, pumpt der Baum das Gas Ethylen aus, um seine Nachbarn zu warnen. Diese leiten dann giftige Bitterstoffe in ihre Blätter, um den hungrigen Laubfressern ihre Mahlzeit zu verleiden. Kümmere dich also – wie die Akazie – um deine Freunde und mach sie darauf aufmerksam, wenn besorgniserregende Dinge geschehen (aber vielleicht solltest du versuchen, dabei nicht übermäßig viel Gas abzusondern).

Nimm dir Auszeiten

DAHURISCHE LÄRCHE

Sich müde und überfordert zu fühlen, verändert unsere Sicht auf die Welt. Es kann uns glauben machen, dass ein schlichter Schatten unter dem Bett ein Monster ist. Das Heilmittel? Ausruhen. Und auf sich selbst aufpassen. Nimm dir ein Beispiel an der Dahurischen Lärche. Diese Überlebensexpertin wächst noch in den nördlichsten Breiten. Sie hat gelernt, die langen, harten sibirischen Winter zu überstehen, indem sie ihre Nadeln fallen lässt und eine Weile ruht – solange, bis wieder freundlicheres Wetter eintritt.

Genieße die kleinen Freuden des Lebens

KOHLPALME

Hast du schon einmal erlebt, wie eine kleine freundliche Geste die Sonne in deinem Herzen aufgehen lässt? Kleine Freuden – und das Teilen dieser Freuden – sind das Geheimnis für ein glücklicheres Leben. Nimm die Kohlpalme: Sie gedeiht tief im Herzen des Amazonas-Regenwaldes und hat sich zur Aufgabe gemacht, Liebe zu teilen. Mit ihren herrlichen Pollen zieht sie über 200 verschiedene Insektenarten an und ihre schönen, nahrhaften, tiefvioletten Beeren bieten vielen Vögeln, Reptilien und anderen Lebewesen auf der Suche nach Großzügigkeit ein Abendessen.

Sei offen für Veränderungen

BALSAMTANNE

Es gibt nicht viel, was ein Baum bei einer plötzlichen Dürre oder einem krassen Kälteeinbruch tun kann – zu einem Spontanurlaub in Regionen mit angenehmeren Temperaturen aufbrechen kann er jedenfalls nicht. Bäume müssen alles akzeptieren, was das Universum für sie bereithält, und sich an das Unerwartete anpassen. Deshalb hat die Evolution ihnen Flexibilität mitgegeben. Die Balsamtanne ist ein gutes Beispiel dafür: Sie hat einen Weg gefunden, in nördlichen Breiten zu überleben, ohne ihre Blätter abzuwerfen, sodass sie das ganze Jahr über Fotosynthese betreiben kann. Und sie hat einen dicken und harzigen Saft entwickelt, der nicht gefriert. Sicher, Veränderung kann unangenehm sein. Aber sowohl bei Menschen als auch bei Bäumen kann ein bisschen Unbequemlichkeit bewirken, dass man über sich hinauswächst.

Sorge dich nicht um Dinge, die du nicht ändern kannst

PYCNANDRA ACUMINATA

Manche Dinge können wir ändern, mit manchen müssen wir uns einfach abfinden. Wenn dir zum Beispiel klar würde, dass du auf einem ganzen Haufen giftiger Metalle lebst, wärst du wahrscheinlich – zu Recht – ein wenig beunruhigt. Der Baum Pycnandra acuminata hat einen äußerst cleveren Weg gefunden, mit der hohen Nickel-Konzentration im Boden seiner Heimat Neukaledonien umzugehen. Er verwendet Zitronensäure, um das Nickel unschädlich in seinem Saft einzulagern – der dadurch blau wird. Wenn du etwas, das dich stört, nicht ändern kannst, ist es weitaus produktiver, einen Weg zu finden, damit zu leben, als sich ständig darüber Sorgen zu machen.

Geh deinen eigenen Weg

BANYAN-BAUM

Es gibt in der Regel mehr als einen Weg zum Erfolg und wir müssen nicht alle den gleichen nehmen. Der seltsame und wunderbare Banyan-Baum ist ein Riese mit der größten Krone von allen Bäumen. Dabei wurzelt er am Anfang nicht mal im Boden. Der Samen dieses unternehmungslustigen Einzelgängers wächst als Epiphyt, als sogenannte Aufsitzerpflanze, in der Rindenspalte eines anderen Baumes heran und nimmt Wasser und Nährstoffe aus der Umgebung auf. Dann sendet er einige Luftwurzeln von seinen Ästen Richtung Boden. Baum sein heißt also bei Weitem nicht, wie alle anderen Bäume zu sein.

Greif nach den Sternen

GUTTAPERCHABAUM

Der Guttaperchabaum zeigt uns, dass wir nie aufhören sollten zu lernen, zu wachsen und unsere Ziele zu verfolgen. Er weiß genau, was er will, und zieht sein Ding durch. Er lebt in den Regenwäldern der malaiischen Halbinsel. Dort hat er gelernt, dass man, wenn man in den Genuss von Sonnenschein kommen will, so schnell wie möglich zum Kronendach des Waldes durchstarten muss. Also wächst er kerzengerade hoch und bemüht sich kaum um Äste oder Blätter unterhalb seiner Krone, bis er dort angekommen ist, wo er hinwollte.

Sieh das Positive

GUAREA

Manchmal wirft uns das Leben zu Boden, aber wir lernen mit der Zeit, wieder aufzustehen. Allerdings ist das, wenn man ein Baum ist, leichter gesagt als getan. Wenn Tropenstürme durch Mittel- und Südamerika fegen, stemmen sich Bäume wie Guarea so gut sie können dagegen, aber manchmal ist der Wind einfach zu stark. Doch selbst wenn dieser Baum plötzlich am Boden liegt, gibt er nicht auf. Er treibt schnell neue Sprösslinge entlang des umgefallenen Stammes aus, die er mit seinen eigenen Nährstoffen und seinem eigenen Wasser aufpäppelt, bis diese »Klonbäume« soweit sind, Wurzeln zu schlagen und alleine zu überleben.

Es ist in Ordnung, anders zu sein

DRACHENBAUM

Warum sich anpassen, wenn man sich abheben kann? Wenn Dinosaurier Regenschirme benutzt hätten, hätten sie wohl wie der Drachenbaum ausgesehen. Sein dicker, hoher Stamm endet in einem Baldachin, an dessen Spitze alle Blätter dicht gedrängt versammelt sind, um Wasser aus Dunst und Nebel aufzufangen. Macht man einen kleinen Einschnitt in die Rinde, scheidet der Drachenbaum ein tiefrotes Harz aus. Im 17. Jahrhundert wurde es getrocknet und nach Europa importiert, wo man diesem »Drachenblut« – nachvollziehbarerweise – magische Eigenschaften zuschrieb. Der Drachenbaum zeigt uns: Es ist cool, ein bisschen seltsam zu sein.

Lerne aus deinen Erfahrungen

SCHWARZFÖHRE

Genau wie Menschen geht es Bäumen besser, wenn sie aus ihren früheren Erfahrungen Lehren ziehen. Eine der größten Herausforderungen für einen Baum sind starke Winde, die noch stärker wehen können, wenn der Baum in einer exponierten Hanglage wächst, wozu die Schwarzföhre neigt. Klar, dass die Bäume am Saum dieses Waldes dem Wind stärker ausgesetzt sind als alle anderen. Schwarzföhren, die an Waldrändern wachsen, bereiten sich deshalb darauf vor, vom Winterwind durchgeschüttelt zu werden, indem sie ihr Wachstum verändern und einen spitzer zulaufenden und stärkeren Stamm entwickeln.

Lebe den Augenblick

YOSHINO-KIRSCHE

Jeder, der das Glück hat, die Blüten der Japanischen Maienkirsche auch nur einmal im Leben in natura zu sehen, wird von ihrer Schönheit überwältigt sein. In Japan treffen sich Familien und Freunde in den zwei kurzen Wochen ihres Erblühens zum Picknick unter diesen wunderschönen weißen oder zart rosa getönten Blüten. Für Buddhisten ist dies eine spirituelle Erfahrung, die uns Menschen daran erinnert, dass die Schönheit – wie das Leben – vergänglich ist. Also wertschätze das Schöne, wenn es da ist, und mach das Beste aus jedem Moment.

Finde heraus, was dein Gleichgewicht stört

ROTBUCHE

Wir alle haben Momente, in denen wir aus dem Gleichgewicht sind, aber nicht genau sagen können, warum eigentlich. Sich Zeit nehmen für ein wenig Selbstreflexion ist oft der Schlüssel, um da wieder herauszukommen. Auch wenn Bäume nicht viele Optionen haben, wenn es darum geht, Probleme zu lösen, glauben Wissenschaftler jetzt, dass ihnen dafür mehr Mittel zur Verfügung stehen, als bisher angenommen. Zum Beispiel kann die Buche erkennen, ob sie von Wild angeknabbert wurde – dann setzt sie Bitterstoffe frei, die scheußlich schmecken. Wenn sie aber einen Zweig an den Wind verloren hat, produziert sie nur die Hormone, die sie braucht, um die Wunde an der Bruchstelle zu verschließen und zu heilen. Sei also mehr Buche und nimm dir etwas Zeit, um die Ursache für deine abgebrochenen Zweige herauszufinden.

Kenne deine Grenzen

RIESENMAMMUTBAUM

Wir alle überfordern uns manchmal und wissen die Erfolge, die in unserer Reichweite liegen, nicht zu schätzen. Erkennst du dich wieder? Dann denk an den Riesenmammutbaum. Dieser erstaunliche Gigant kann so hoch wie ein Wolkenkratzer wachsen, aber er weiß, wann er anhalten und Bilanz ziehen muss. Bäume nutzen einen ausgeklügelten Verdunstungsmechanismus, um Wasser in ihre Baumkronen zu pumpen, wo die Fotosynthese stattfindet. Doch die Gesetze der Physik bewirken, dass dies nur bis zu einer Höhe von etwa 120 Metern funktioniert. Der höchste Baum der Erde ist ein Riesenmammutbaum namens Hyperion, der 115 Meter hoch ist. Noch Fragen?

Geh mit den Jahreszeiten

CHINESISCHE PISTAZIE

Gerade noch ist es Juni und eine warme Brise weht sanft durch deine Zweige. Und im nächsten Moment schon werden die Tage kurz und es droht Frost. Wie Bäume müssen wir Wege entwickeln, um auch in den härteren Zeiten gesund zu bleiben. Bäume verlieren über ihre Blätter viel Wasser, das nicht ersetzt werden kann, wenn der Boden gefroren ist. Außerdem würde flatterndes Laub bei einem Wintersturm eine zu große Angriffsfläche bieten. Also akzeptieren Laubbäume wie die Chinesische Pistazie, dass sie für eine Weile keine Fotosynthese betreiben können, und werfen ihre Blätter ab. Es kann aber wirklich niemand behaupten, dass dies nicht mit Stil geschehen kann. Das Laub der Chinesischen Pistazie färbt sich vor dem Abfallen in ein sensationelles Feuerrot um – ein dramatischer Abgang von der Herbstbühne in Richtung Winter!

Gemeinschaft macht stark

DOUGLASIE

Genau wie Menschen profitieren Bäume von einem Unterstützungsnetzwerk. Früher haben sich Wissenschaftler gefragt, warum Bäume wie die Douglasie so dicht beieinander wachsen, auch wenn sie sich möglicherweise gegenseitig das Licht wegnehmen. Es stellte sich heraus, dass ihre Wurzeln mithilfe von Pilzen im Boden miteinander verbunden sind, was bedeutet, dass sie Nährstoffe hin- und hertransportieren können. Die Douglasie nutzt dieses Netzwerk, um die nächste Generation zu ernähren und sogar den Stumpf eines umgefallenen Baumes am Leben zu erhalten, wenn er für den Rest der Gemeinschaft wichtig ist. Und die Gemeinschaft besteht nicht nur aus Douglasien – auch anderen Baumarten in der Nachbarschaft helfen Douglasien gerne aus.

Genieße dein Alter

AMERIKANISCHE SCHWARZPAPPEL

Wir neigen dazu, uns auf die negativen Aspekte des Alterns zu konzentrieren und die kleinen Vorteile zu übersehen, die mit Reife und Erfahrung einhergehen. Es wird dich nicht überraschen, dass Bäume diesen Fehler nicht machen. Tatsächlich streben sie danach, älter zu sein, und genießen es, wenn sie es geschafft haben. Die Amerikanische Schwarzpappel ist der am schnellsten wachsende Baum Nordamerikas: Junge Schwarzpappeln sind ehrgeizig und konkurrenzfähig und schießen in einem Jahr bis zu zwei Meter in die Höhe – sie wollen mit aller Kraft nach oben. Wenn sie älter werden, verlangsamt sich das Höhenwachstum, was aber alles andere bedeutet, als dass sie aufgeben. Sie bauen lediglich »Muskelmasse« auf – wie Bodybuilder mittleren Alters. Dadurch werden sie zu Champions bei der Aufnahme von Kohlendioxid aus der Atmosphäre.

Nobody's perfect

GINKGO

Wenn wir uns selbst zu sehr unter Druck setzen, um in allem großartig zu sein, sind wir am Ende nur gestresst und enttäuscht. Der wunderbare Ginkgobaum ist nicht nur schön, sondern auch zäh, und Fossilien zeigen, dass es ihn schon seit über 200 Millionen Jahren gibt (einige Ginkgos bei chinesischen Tempeln sollen über 1500 Jahre alt sein). Der Ginkgo gedeiht in verschmutzten Städten und hat sogar die Atombombe in Hiroshima überlebt. Im Herbst färben sich seine fächerförmigen Blätter in ein wunderschönes, lebhaftes Gelb um. Und doch bringt er eine Frucht hervor, die ganz und gar abstoßend riecht. Du kannst eben nicht in allem perfekt sein!

Lass los

BUCHSBAUM

Auch Bäume bekommen Blessuren, Prellungen und Stöße ab – und nur, weil sie sich nicht bewegen können, heißt das nicht, dass sie nicht wissen, was sie dagegen tun sollen! Anstatt Energie darauf zu verschwenden, einen beschädigten Teil zu »reparieren« oder eine Infektion zu bekämpfen, dichten Bäume den betroffenen Bereich ab, sodass der Rest des gesunden Gewebes nicht in Mitleidenschaft gezogen wird. Und der Buchsbaum ist der Meister der Vergangenheitsbewältigung – er macht sich keinerlei Sorgen um verlorene Zweige. Im Gegenteil: Nach Verletzungen seiner Äste wächst er aufgrund der Umverteilung des Wachstumshormons Auxin noch buschiger und stärker. Das macht den Buchs zur perfekten Hecke. Oder geeignet für Formschnitt, wenn du auf so etwas stehst.

Kümmere dich um die nächste Generation

ZUCKERAHORN

Irgendwann haben wir uns alle schon einmal wie ein kleiner Sprössling in einem großen Wald gefühlt. Wenn du also anfängst, etwas sicherer im Leben zu stehen, mit einem kleinen Fleckchen Sonnenlicht, das du dein Eigen nennen kannst, vergiss nicht den Nachwuchs. Waldbäume wie der Zuckerahorn nutzen ihre unterirdischen Netzwerke, um Zucker zu den jüngeren Generationen zu pumpen, die sich vielleicht im Schatten abstrampeln müssen. Sieh dich um. Braucht jemand in deinem Wald ein bisschen Hilfe, um wachsen zu können?

Ergreife die Initiative

SUMPFZYPRESSE

Manchmal reichen eine kleine Auszeit und etwas Selbstfürsorge, damit wir uns besser fühlen. Zu anderen Zeiten stoßen wir auf spezielle Probleme, die nach praktischen Lösungen verlangen. Die Initiative zu ergreifen und ein Problem direkt anzugehen, kann sehr befriedigend sein. Die in Sümpfen, flachen Uferzonen und Überschwemmungsgebieten lebende Sumpfzypresse ist ein Baum, der weiß, wie man Dinge anpackt. Sie hat nicht nur ein System entwickelt, um Luft zu ihren unterhalb der Wasseroberfläche liegenden Wurzeln zu transportieren, sondern ist auch in der Lage, Überschwemmungswasser aufzunehmen und Erosion in ihrem wasserreichen Zuhause zu verhindern. Außerdem hilft sie dabei, Umweltverschmutzungen zu beseitigen.

Setz auf deine Stärken

ESCHE

Es fällt uns oft schwer, uns nicht mit anderen zu vergleichen. Aber Bäume wissen, dass echtes Selbstvertrauen aus der Wertschätzung des eigenen Inneren erwächst. Die Esche produziert das stärkste Holz, das es gibt. Und sie wächst sehr schnell. Aber im Frühling konkurriert sie nicht gerade mit den anderen Bäumen darum, wer als erster seine Blätter entfaltet hat. Und während das Laub von Buche und Eiche so dicht wächst, dass unter ihnen nicht viel gedeihen kann, hat die Esche ein viel luftigeres Blätterdach, das es anderen Pflanzen erlaubt, im Halbschatten darunter zu sprießen. Kurz zusammengefasst: Die Esche ist stark und selbstbewusst, aber nicht die erste Wahl bei einem plötzlichen Regenschauer.

Lerne, auf eigenen Füßen zu stehen

KAURI-BAUM

Zu wissen, dass man die innere Stärke hat, mit dem umzugehen, was auch immer kommt, ist wichtig fürs Selbstvertrauen. Für den majestätischen Kauri-Baum in Neuseeland ist das eine Selbstverständlichkeit. Diese Bäume können über 1000 Jahre lang leben, entweder ganz allein oder als Teil eines Waldes. Sie sind gänzlich unabhängig und völlig selbstgenügsam. Was wirklich ein Glück ist, denn es müssten sich sieben Menschen an den Händen fassen, um ihren dicken Stamm mit einer Umarmung zu stärken.

Mach das Beste draus

BANKSIA

Die australischen Banksien sind nicht gerade die Feuerwehr, und, seien wir ehrlich, ihre Chancen auf eine schnelle Flucht bei Buschfeuerangriffen stehen eher schlecht. Aber sie wissen, dass selbst etwas so Zerstörerisches wie ein Buschfeuer den Weg für neues Leben bahnen kann. Die intensive Hitze der Flammen bringt die Bäume sogar dazu, ihre Samen freizusetzen. Und da das Feuer das gesamte Unterholz weggeräumt hat, können die tapferen kleinen Banksia-Sprösslinge, die am Boden keimen, nun auf Licht und Nährstoffe zugreifen, die sie vorher nicht gehabt hätten. Das Leben kehrt immer wieder zurück und sie sind entschlossen, zu den Gewinnern zu gehören, wenn es soweit ist!

Mach das Beste aus erzwungenen Auszeiten

EICHE

Schlafentzug ist für Bäume ungefähr so nützlich wie für Menschen. Nach einem arbeitsreichen Sommer, in dem ohne Unterbrechung Fotosynthese betrieben wurde, dreht sich im Winter alles um den Schlaf. Blätter abwerfen mag mühelos wirken, wenn man es noch nie gemacht hat, aber es ist in Wirklichkeit ein recht aktiver Prozess. Bäume wie die Eiche, deren Blätter im Herbst braun werden, nehmen die Nährstoffe daraus wieder in ihren Stamm auf und bauen dann eine Zellbarriere zwischen Zweig und Blatt auf, bevor sie das Laub loslassen. Ziemlich anstrengend. Also strecken sie danach alle Viere von sich und sitzen, ohne viel zu tun, zufrieden die langen, dunklen Nächte des Winters aus.

Halte die Stellung

WALDKIEFER

Nimm dir Zeit, um dich selbst und das, was du wirklich willst, kennenzulernen. Dann kannst du so stoisch und selbstbewusst allem entgegensehen, was kommt, wie die Waldkiefer. Auch wenn zu wünschen wäre, dass du nicht den gleichen stürmischen Winden ausgesetzt bist wie sie an vielen Standorten. Diesen Baum gibt es seit mindestens 10.000 Jahren, also hatte er, um ehrlich zu sein, deutlich mehr Zeit zum Nachdenken als du. Aber dennoch ist es bestechend, sich von diesem hohen und mächtigen Baum inspirieren zu lassen, der alles überlebt hat, was die letzten zehn Jahrtausende ihm zugemutet haben.

Freu dich über das, was du gut kannst

VOGELBEERE

Man muss nicht der Größte, Stärkste oder Blütenreichste sein, um zu gedeihen. Nimm die bescheidene kleine Vogelbeere: Dieser langsam wachsende Baum ist überall zu finden, von Berghängen bis zu Vorstadtgärten. Die meiste Zeit des Jahres würdest du wahrscheinlich nicht einmal bemerken, dass er da ist. Das Geheimnis seines Erfolgs sind die leuchtend roten Beeren, die er im Spätsommer trägt. Vögel lieben sie und verteilen die Samen überall – tatsächlich keimen die Samen nicht, bevor sie nicht den Darm eines Vogels durchwandert haben.

Lerne, dem Sturm zu trotzen

WEISSDORN

»Stürme lassen Bäume tiefere Wurzeln schlagen«, hat Dolly Parton, die Königin der Countrymusik, gesagt, und es stimmt, dass Bäume ihr Wachstum an starken Wind anpassen können. Zwar sind schwierige Zeiten unvermeidlich, aber wie wir mit ihnen umgehen, liegt an uns selbst. Bäume wollen wirklich unbedingt gerade wachsen, aber harte Kerle wie der Weißdorn akzeptieren, dass dies an ausgesetzten Stellen nicht immer möglich ist. Da starker Wind ihre Wuchsspitzen beschädigt, wächst nur die geschützte Seite des Baumes, weshalb er schief aussieht. Um zu verhindern, dass er zur einen Seite umfällt, verstärkt er dann seinen Stamm und seine Wurzeln auf der gegenüberliegenden Seite, sodass er ausbalanciert ist und Stürmen besser trotzen kann.

Timing ist alles

ROTBUCHE

Es ist zwar oft hilfreich, die Initiative zu ergreifen, aber etwas zu erzwingen, bevor die Zeit reif ist, endet selten gut. Das weiß vor allem das Multitalent Rotbuche. Auch wenn ihre Wurzeln den ganzen Winter über in Aktion sind und sie sich darauf freut, im Frühling ihr Laub sprießen zu lassen, wartet sie immer ab, bis es mindestens 13 Stunden am Tag hell ist. Bäume, die voreilig handeln und Blätter wachsen lassen, sobald es eine erste Wärmeperiode gibt, bereuen das oft. Etwa so, als wenn man beim ersten Sonnenstrahl Flipflops anzieht und die Zehen dann blau werden, weil die Sonne hinter Wolken verschwindet.

Lass los, was dir schadet

PRESTOEA MONTANA

Stolz ist eine zwiespältige Angelegenheit – er kann uns stark machen, aber er kann auch verheerende Folgen haben. Manchmal müssen wir klein beigeben, um einen Sturm zu überstehen. Mit gutem Beispiel voran geht da die Palme Prestoea montana. An tropischen Orten gehören Wirbelstürme zu den Lebensumständen, die für ein hoch aufragendes Gewächs gefährlich sind. Wie viele Palmen zögert auch diese Art nicht, bei starkem Wind ihre Blätter abzuwerfen. Sicher, Blätter sind ziemlich wichtig und sie sehen schön aus, aber um das schlechte Wetter zu überstehen, muss die Palme dem Wind ein möglichst kleines Ziel bieten. Und sie kann immer noch weiterwachsen, wenn der Sturm vorüber ist.

Lebe in Harmonie

RIESENLEBENSBAUM

Eine der großen Lektionen, die wir von Bäumen lernen können, ist, wie wir die faszinierende Vielfalt des Lebens akzeptieren und mit ihr eins sein können. Die mächtigen, in Nordamerika beheimateten Riesenlebensbäume sehen zwar aus, als ob sie für sich selbst sorgen könnten, ziehen es aber dennoch vor, in Gruppen und Wäldern gemeinsam zu leben, wo sie ihre Wurzeln ineinander verflechten, um sich gegenseitig zu helfen. Vögel sorgen dafür, ihre Samen zu verbreiten, und unzählige Insekten und Frösche finden in ihren Stämmen und Ästen Unterschlupf.

Befreie dich aus dem Alltag

BERGAHORN

Der Mut, etwas Neues auszuprobieren, kann die Tür zu persönlicher Weiterentwicklung aufstoßen. Wir wissen, dass es mindestens 60.000 verschiedene Baumarten gibt. Ist das nicht erstaunlich? Die hohe Zahl liegt daran, dass Bäume sich über viele tausend Jahre hinweg an die verschiedenen Situationen angepasst haben, in denen sie leben. Clevere Bergahorn-Bäume haben zum Beispiel gelernt, ihre großen Samen in Mini-Hubschrauber zu verwandeln, damit der Wind sie aus dem Schatten des Mutterbaums wegträgt, ohne dass dieser eine Frucht hervorbringen muss, die von Vögeln oder anderen Tieren gefressen und verteilt wird. Vergiss nie: Einer muss immer der Erste sein, der den Mut hat, ausgetretene Pfade zu verlassen.

Genieße die Reise

KORKEICHE

Das Leben ist eine Reise, und auch wenn nicht immer alles nach Plan verläuft, ist es wichtig, nach Wegen zu suchen, im Regen zu tanzen, anstatt darauf zu warten, dass das schlechte Wetter vorüberzieht. Die Korkeiche hat ein ganz besonderes Talent, das die Menschen seit Jahrtausenden schätzen. Sie hat eine dicke, federnde Rinde, mit der sie sich vor allem Möglichen schützt, nicht zuletzt vor Grasbränden. Und selbst wenn die menschlichen Nachbarn sich etwas davon abzweigen, für gewöhnlich, um eine schöne Flasche Wein zu verschließen, macht es der Korkeiche nichts aus. Zugegeben, sie sieht eine Zeit lang etwas nackt aus, aber sie wächst einfach unbekümmert weiter. Ihre Widerstandsfähigkeit und Einzigartigkeit machen sie zu einer Königin unter den Bäumen und zu einem Schatz ihrer Heimat Portugal.

Verschwende nichts

SCHWARZER TUPELOBAUM

Bäume sind großartige Lehrmeister dafür, wie wir das Beste aus unseren Ressourcen rausholen und alles, was wir haben, so effizient wie möglich nutzen können. Zum Beispiel sehen Bäume wie der Schwarze Tupelo vielleicht so aus, als würden sie hemmungslos mit ihren leuchtenden Herbstblättern angeben, aber in Wirklichkeit sind sie bewundernswert sparsam. Bevor sie ihre Blätter abwerfen, sorgen Laubbäume nämlich dafür, dass alles, was im nächsten Jahr nützlich sein könnte, recycelt wird. Sie resorbieren das grüne Chlorophyll, das im Sommer die übrigen Blattfarbstoffe überdeckt hat. Nun kommen die gelben und orangen Farben der Carotinoide und die roten und violetten Farbtöne der Anthocyane zum Vorschein. Recycling hat nie besser ausgesehen!

Biete anderen Unterschlupf

NIEMBAUM

Unsere Beziehungen zu anderen sind wichtig – wir alle brauchen Nähe und Liebe. Sich um andere zu kümmern, gibt uns das Gefühl, gebraucht zu werden, und unsere Einfühlsamkeit trägt dazu bei, Stress und Ängste abzubauen. In seinen Heimatländern Indien und Pakistan ist der Niembaum oft in dürregefährdeten Gebieten zu finden, wo sonst nicht viel wächst und sein großes Blätterdach willkommenen Schatten spendet. Seine Blätter sind essbar und enthalten auch starke insektenabwehrende Chemikalien, während sein Nektar einen Ansturm von Bienen auslöst. Es ist nicht überraschend, dass dieser nützliche und großzügige Baum sehr beliebt ist.

Bilde starke Wurzeln

UTAH-WACHOLDER

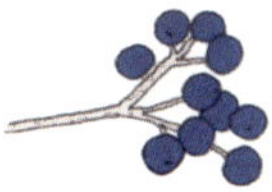

Bäume zeigen uns, dass es möglich ist, überall zu gedeihen, wenn wir nur ausreichend starke Wurzeln haben. Nimm den Utah-Wacholder. Seine Heimat sind felsige Halbwüsten im Westen der USA, wo es manchmal so aussieht, als sei er aus festem Gestein gewachsen. Dieser sehr zielstrebige Baum hat eine Pfahlwurzel, die ihn im Fels verankert und auf der Suche nach Wasser zwölf Meter in die Tiefe vorstoßen kann. Sie ist so stark, dass sie sich in Felsspalten zwängen kann. Der Utah-Wacholder hat aber auch kleinere Wurzeln, die sich seitlich ausbreiten, sodass er Wasser aus jedem Regenschauer schnell aufnehmen kann, bevor es wegrinnt.

Nicht jeder ist zum Star geboren

HÄNGEBIRKE

Stolz auf seine Arbeit zu sein, auch wenn sie bescheiden erscheint, kann wahre Befriedigung bringen. Die Hängebirke kann sich mangels Schulter leider nicht auf diese klopfen, was schade ist, denn sie hat seit der letzten Eiszeit ihren Job gut gemacht. Wenn eine Lichtung entsteht, ist es diese lebhafte und stilvolle Birke, die unter Assistenz des Windes, der ihre winzigen Samen zerstreut, als erste dort wächst und den Boden für die anderen Bäume vorbereitet. Und dann, weil ihr Lebenszyklus nur etwa 80 Jahre beträgt, räumt sie das Feld für neuen Wald, ohne den geringsten Dank zu erwarten.

Achte darauf, in welche Richtung du dich neigst

ARAUCARIA COLUMNARIS

»Der Baum fällt in die Richtung, in die er sich neigt«, sagt ein Sprichwort. Also wende dich den richtigen Dingen im Leben zu und verlasse dich auf die richtigen Menschen. Im Allgemeinen ziehen Bäume es vor, gerade zu wachsen. Ihre Zellen enthalten kleine taschenförmige Strukturen, die ihnen genau sagen, wo oben ist. Die hohe, schlanke Araucaria columnaris hat jedoch eine innovativere Herangehensweise an die Schwerkraft: Sie neigt sich gerne. Wo immer sich diese Bäume befinden, neigen sie sich in Richtung des Äquators, je weiter sie vom Äquator entfernt sind, umso schiefer stehen sie. Wissenschaftler spekulieren, dass dieser kühne Schritt bewirken soll, die Sonneneinstrahlung zu maximieren, die die Blätter in verschiedenen Breitengraden erhalten. Versuche also, dich wie die Araucaria columnaris in Richtung dessen zu neigen, was dir guttut.

Bleib flexibel

HASEL

»Bieg dich, damit du nicht zerbrichst« ist ein Motto, dem alle Bäume zustimmen würden, und auch für Menschen ist es gut zu gebrauchen. Bäume müssen in der Lage sein, sich zu biegen, damit sie nicht von starken Winden geknickt werden, so wie wir uns anpassen müssen, wenn uns im Leben der Wind ins Gesicht weht. Was Belastbarkeit und Flexibilität betrifft, ist die Hasel der Yogi unter den Gehölzen. Sie betreibt Stockausschlag, das heißt, sie schickt jedes Jahr neue Triebe von ihrer Stammbasis, dem Stock, nach oben. Diese Triebe wachsen zu geraden und geschmeidigen Ästen heran, die sich für den Menschen seit Jahrtausenden als unentbehrlich erwiesen haben. »Sei hart, aber biegsam« ist der Weg, den die Hasel uns nahelegt.

Glücklichsein ist eine Entscheidung

FLIEDER

Betone das Positive und beende das Negative. Wenn er ein Lebensmotto benennen sollte, würde der Flieder wahrscheinlich dieses wählen. Er weiß, dass die Entscheidung, sich auf die guten Dinge zu konzentrieren, der erste Schritt auf dem Weg zum Glücklichsein ist. Dieser kleine Baum wächst oft auf kargen Böden, an verschmutzten städtischen Standorten, aber zwei Wochen im Jahr blüht er allem zum Trotz aus vollem Herzen und produziert wunderschöne dichte, duftende Blüten, die Bienen und Schmetterlinge magisch anziehen.

Spare für schlechte Zeiten

JARRAH-EUKALYPTUS

Es ist einfacher, ganz im Hier und Jetzt zu leben, wenn wir für die Zukunft vorgesorgt haben. Das Wissen, in schwierigen Zeiten auf etwas zurückgreifen zu können – sei es in emotionaler, praktischer oder finanzieller Hinsicht –, ist sehr beruhigend. In ähnlicher Weise hofft der Jarrah-Eukalyptus, dass jedes Buschfeuer, das durch seine australische Heimat fegt, schnell vorbeizieht und seinen Stamm nur oberflächlich verbrennt. Für den Fall, dass etwas Schlimmeres passiert, kann er jedoch auf eine Versicherung zurückgreifen. Knapp unter der Erde befindet sich in einer Lignotuber genannten Verdickung ein Nährstoffvorrat, aus dem ein neuer Eukalyptus wachsen kann, sollte er selber sterben. Wenn der Schaden weniger schwerwiegend ist, kann er auch neue Knospen aus seinem Stamm sprießen lassen. So oder so, er hat Reserven für den Ernstfall.

Entdecke deine spirituelle Seite

PAPPELFEIGE

Es gibt fast so viele Interpretationen von Spiritualität, wie es Baumarten gibt. Aber was auch immer Spiritualität für dich bedeutet, es gilt, einen Weg zu finden, sich mit einer inneren Stimme zu verbinden, die dich zu einem Gefühl des Friedens führt. Man könnte sagen, dass die Pappelfeige, auch Heiliger Feigenbaum genannt, einer der spirituellsten Bäume ist. Im sechsten Jahrhundert v. Chr. wurde Buddha erleuchtet, während er unter einer Pappelfeige meditierte. Von Pakistan über ganz Indien bis nach Myanmar ist sie daher eine im Alltag präsente Erinnerung an die spirituelle Seite des Lebens. Unter diesen Bäumen werden Heiligtümer gebaut, und »den Heiligen Feigenbaum besuchen« ist eine Umschreibung dafür, dass man beten will. Mit einer beachtlichen Lebensdauer von bis zu 1500 Jahren ist die Pappelfeige ein gutes Beispiel für den Trost und die Kraft, die wir alle aus ein wenig positivem Glauben schöpfen können.

Verzeichnis der Baumarten

Flieder
S. 121

Ginkgo
S. 77

Guarea
S. 58

Guttapercha-
baum
S. 57

Hängebirke
S. 114

Hainbuche
S. 16

Hasel
S. 118

Jarrah-
Eukalyptus
S. 122

Kastanie
S. 30

Kauri-Baum
S. 87

Kohlpalme
S. 48

Korkeiche
S. 106

London-
Platane
S. 33

Mangrove
S. 29

Niembaum
S. 111

Olivenbaum
S. 41

Pappelfeige
S. 125

Prestoea
montana
S. 101

Pycnandra
acuminata
S. 53

Riesen-
lebensbaum
S. 103